www.tredition.de

AF204961

NichtGanzDichter

Best of
Slam
Poetry #2

BÜHNENTEXTE
2018/2019

www.tredition.de

© 2019 NichtGanzDichter – 1. Auflage

Verlag und Druck: tredition GmbH, Halenreie 40-44, 22359 Hamburg

ISBN

Paperback:	978-3-7482-6035-6
Hardcover:	978-3-7482-6036-3
e-Book:	978-3-7482-6037-0

Inhaltsverzeichnis

Prosa-Texte

Mitmach-Text

Vorwort

Liebe Leserin, lieber Leser,

zehn Jahre ist es her, dass NichtGanzDichter zum ersten Mal auf einer Slam-Bühne stand. Schuld war ein Internet-Date! Weit über 100 Auftritte kamen seitdem zusammen, kontinuierlich wurde das Repertoire weiterentwickelt und verfeinert. Somit ist es an der Zeit für eine zweite Textsammlung!

Die 20 neuesten Bühnentexte des nicht ganz Dichten spannen den Bogen von Performance über Prosa bis zu humoristischer und anspruchsvoller Poesie. Auch thematisch ist einmal mehr ein breites Spektrum vertreten, vom Markenwahn über die Autobahn bis zur menschlichen Vielfalt in allen ihren Facetten.

Und weil das bloße Lesen naturgemäß nur ansatzweise das Rhythmusgefühl einer Live-Darbietung vermitteln kann, sind Betonungen **fett** oder *kursiv* markiert.

Inzwischen hat NichtGanzDichter ein eigenes Genre geschaffen: „Business Poetry". Unternehmen und Privatpersonen können ihn buchen, sei es als Redner/Entertainer/„Opener" für Fachveranstaltungen oder auch als Texter und Ghostwriter.

Infos und Auftrittstermine gibt es im Internet unter:
www.nichtganzdichter.com
sowie www.youtube.com/user/NichtGanzDichter

Kontakt und Booking: info@nichtganzdichter.com

Performance-Texte

NichtGanzDichter ist Spoken Word Artist – somit steht die Performance bei vielen seiner Stücke im Mittelpunkt!

Da wird gerappt, gezappelt und einfach alles gegeben! Für seinen unnachahmlichen Hüftschwung steckt der erfahrene und dennoch junggebliebene Slammer schon mal das eine oder andere Kompliment ein.

Lesen Sie im Folgenden die neuesten Performance-Texte zu den Themen Markenwahn, Autofahren und … Liebe! Erahnen Sie damit jenes Live-Erlebnis, das sich bietet, wenn der nicht ganz Dichte, wandlungsfähig wie er ist, in eine seiner zahlreichen Rollen schlüpft!

Los geht's!

Der Autofahrer

Ich *sitz'* in meinem Wagen,
nur mein Navi kennt das Ziel!
Und schon *fang'* ich an zu klagen,
ist's doch stets das gleiche Spiel!

Jedes Mal auf meiner Route:
nur Idioten unterwegs!
Denn was *ich* da so erlebe,
geht mir mächtig auf den Keks!

Diese *Schnarcher*, diese *Schnecken*
sind für mich ein echter Graus!
Und *damit* ich das nicht *seh'n* muss…
bleibt *mein* Licht ab heute aus!

Wer es eilig hat und drängelt,
muss erst mal an *mir* vorbei,
doch ich muss euch wirklich warnen,
denn ich hab 'nen Fuß aus Blei!

[jetzt schnell rappen]

… und ich setz' den Blinker links,
und ich blend' mit meinem Licht!
Wenn du *dann* noch nicht verschwindest,
ist die Hupe für mich Pflicht!
So krieg' *ich* die Straße frei,
hab' auch richtig Spaß dabei!
Freie Fahrt für freie Bürger –
wär da nicht die Polizei!

[wieder langsamer]

Vorhin fand ich einen Parkplatz,
und der war ein wenig *klein*…
Ach, mit meiner coolen Kiste
pass ich da doch locker rein!

Leicht geschubst und leicht geschoben
war ich in der Lücke drin.
Och, ich glaub' in meinem Fall…
macht 'ne Einparkhilfe Sinn!

Doch ich muss euch jetzt was beichten,
denn ich hab' was übersehen:
Kaum war *ich* zurück am Wagen,
sah ich's Ordnungsamt schon stehen!

Als ich *mir* das näher ansah,
fand ich *überall* Papier!
Nur… ich *hatte* nicht ein Knöllchen –
oh mein Gott, es war'n gleich VIER!

Drum ging ich zur Politesse
und wollt' wissen, was das solle.
Ich fing richtig an zu fluchen –
und ich nannte sie… 'ne Olle!

Sie nahm *meine* Personalien auf,
ich würd' noch von ihr *hören*.
Da ich *Ärger* schon gewohnt bin,
kann auch *das* mich nicht mehr stören.

Dass ich mächtig *Öl* verliere,
konnt' ich doch nicht sehen!
Dass der TÜV schon länger *fällig* ist,
ist doch nicht *mein* Problem!

Aber *was* mir zum Verhängnis wurde,
stellt euch *das* mal vor:
Tja, mein Wagen, der stand *dies*mal
nicht vor *irgend* einem Tor!

Während *ich* noch diskutierte,
ging es *mir* schon an den Kragen:
Wie ich bloß auf die Idee käm',
das *Revier* so zuzuparken?!

Bin im Treuepunkte sammeln
mittlerweile Spezialist…
Was den *Konto*stand stets steigert –
wenn's auch *nur* in Flensburg ist!

Ist die Scheibe auch beschlagen –
bin *ich* immer informiert!
Dreh' das Radio bis zum Anschlag,
bis bei mir das Glas vibriert!

Was die Leute auf der Straße
mittlerweile so verlier'n…
Wenn ich's sammel, kann ich damit
bald ein Häuschen konstruier'n!

Eine Leiter, einen Spanngurt,
ein Betonteil und 'n Brett,
oh, da geht mir glatt die Luft aus –
wenn ich *nur'n* Ersatzrad hätt'!

All der Stress macht langsam müde –
und so fang' ich an zu pennen,
bis die Brummis mich dann wecken –
Ele*fanten wollen* rennen!

Und jetzt wird mir langsam klarer,
dass *ich* sie hier irritier',
weil *aus Sicht der Elefanten*
ich die *Standspur nur blockier'*!

Also spring ich schnell ins Auto,
und ich fädel' *grad so* ein,
und mein Handy und die Zeitung
steck' ich schnell mal wieder ein!

Worauf *ich* den Blick noch richte,
ist das Heck vom Vordermann.
Um die *Aufkleber* zu lesen,
fahr' ich erst mal dichter ran!

Hey, ich will schon brennend *wissen*,
wie an Bord das Baby heißt,
ob ein *Fahr*anfänger steuert,
denn *sein* Fahrstil ist schon dreist!

Darum zeig ich ihm den Vogel,

denk' mir, was für'n blöder Otto!

Und den Führerschein gewonnen

hat der Typ doch nur im *Lotto*!

Ja, mich nerven *all die Deppen* –

also nehmt euch bloß in Acht!

Denn ich kann nicht garantieren,

dass nix scheppert und nix kracht!

Trotzdem wünsch ich euch viel Freude,

wenn ihr eure Runden dreht!

Leider wird's noch etwas dauern,

bis ihr *mich* mal wieder seht!

Gute Fahrt und gute Reise –

ja, das ist mein letzter Gruß!

Denn das nächste halbe Jahr –

bin ich unterwegs... zu Fuß!

Wirb oder stirb!

Jo, jo, meine Brothers and Sisters,

liebe Konsumentinnen und Konsumenten,

abschalten können Sie woanders!

Du – hängst an deinen Body

nur Armani und Gucci!

Und *machst* noch schnell dein Selfie

mittels So-ny und Fuji!

Ich frag, wer *bist* du nur?

Eine Perle der Natur?

Einfach riesig, dieser Kleine?!

Und du magst's am liebsten pur?!

Hast den *Tiger* in dei'm Tank!

Alles *super*, Gott sei dank!

Ach, wo *wohnste* denn?

Und lebste schon?

Und *so* geht heute Bank!?

Keine Zeit, dich auszu*ruh'n?!*
Es gibt immer was zu *tun*!
Dafür gehst du meilenweit…
There is no better way to fly!

Ey… Alter!
Ich… pfeif' auf deinen Benz
und deine Ta-schen von Prada!
Ich hab nich' mal 'n Lada –
ich cruise mit dem *Fahrrad*!
Ist *aus* Erfahrung gut –
hält die Umwelt in *Ordnung,*
ist das *Beste* für den Mann –
hab durch Technik einen Vorsprung!

Und das Gute da-ran…
das ist das Gute da-rin,
und ich sage: Nix wie hin!
Ich will ich so bleiben, wie ich bin!

Ja, ich tret' in die Pedale,

denn ich habe eine *Heiden*kraft!

Da guckst du zweimal hin,

das ist Leis-tung aus *Leiden*schaft!

Und *die* Frisur *sitzt* –

ich style mit Drei-Wetter-Taft!

Quadratisch, praktisch, gut –

bin der King in meinem *Ghetto*!

Ich sage dir „just *do* it" –

dann geh' doch zu *Netto*!

Einmal hin, alles drin,

ganz *real* anstatt *Penny*…

Und *räum'* mein' Magen auf –

ja, ich *danke* dir, *Rennie*!

Nimmt den *Druck*, entspannt den Bauch!

Halt die Fresse, du Lauch!

Denn sonst *wirst* du gleich geholfen!

Und ganz ohne Rauch geht's auch!

Ja, ich brauch' kein Koffein!
Dafür trinke ich... *Säfte*!
Und was man mir noch nachsagt...
Er habe magische Kräfte!

Du – bist – der *Keks* für unterwegs!
Ich nehm' zwei und take it easy!
Und hast du Bock auf Beef,
kriegst du *von* mir eine *Bifi*!

Du bist heute *kein* König –
was bist *du* für 'ne Erscheinung?!
Du *liest* in deinem Schmierblatt,
daraus bildest du 'ne Meinung!

Erzählst deinen Homies
von dei'm Fame und deinem Chic!
Und unter deinem *Boss*-Hemd
trägst du'n T-Shirt von Kik!

Ja, *nichts* ist unmöglich,
und bezahlt wird's von Papi!
Du *kommst* auf den Hund –
bist 'n ganzer Kerl dank Schappi!
Zwar *ist's* nich *dein* Geld,
doch man *gönnt* sich ja sonst nix,
nur Bestes soll'n sie sehen –
und nicht, dass du ein Honk bist!

Geiz ist geil – keine Frage!
doch ich bin das einzige Wahre!
Ja, ich bin der große Klare,
ich bin keine Massenware!
Ich *verbreite* Poesie,
dazu brauch' ich keine Visa!
Also *ruf* mich doch mal an –
keiner schmeckt dir so wie dieser!

So wurdest du noch *nie* erfrischt!
Geschmack wird heute aufgetischt!
Die *schlaue* Art zu waschen,
darum *ist* mein Body aufgewischt!

Denn… nur was richtig sauber ist,

ja, das kann richtig glänzen!

Dank Wasser und CD

willst du sofort mit mir dancen!

You can't beat the Feeling,

ja, da *bist* du inspiriert!

Denn ich habe diesen *Duft*…

der Frauen provoziert!

Mann, bist du dick, Mann,

da nützt auch keine Rolex!

Ich füttere dein Ego

nur mit Whiskas und Frolic!

Und der Hunger ist gegessen,

macht dein süßes Leben leichter!

Ich sag „*Hallo*, Herr Kaiser!

Ich bin *schöner* – und reicher!"

Jetzt *kannst* du endlich geh'n

in deinen *Tretern* von Deichmann!

Mit 'nem Wisch ist alles weg!

Du erlebst ne harte Landung!

Ich hab' *Werte* fürs Leben!

Bin der Fels in jeder Brandung!

Bin der neue General!

Glaub' mir: Keiner wäscht reiner!

Selbst *wenn's* mal richtig braun ist,

so wie bei Thor Steinar!

Ich komm' in alle Ecken –

ich entferne alle Flecken!

Fang' ich an, dich abzuchecken –

ja, dann hilft dir kein Verstecken!

Und dann leg' ich dich aufs Hohl-Kreuz!

Denn du kannst alles – außer Hoch-Deutsch!

Weil... Technik dich begeistert,

hängst du ab vor deiner Playsi!

Was *du* am liebsten wärst,

ist ein Blueprint von Jay-Z!

Du chillst deine Base,

bist relaxed, wie bei Shaggy!

Du switcht deinen Style,

machst auf Retro und Baggy!

Du *bist* Anwalts Liebling,

und der macht mit dir Geschäfte…

Und was du aktivierst,

das sind meine Abwehr*kräfte*!

Denn leider hast du *kein* Gesicht!

Ich bring dich aus dem Gleichgewicht!

Du meinst, du wärst der Kracher?!

Dabei bist du ein *Leicht*gewicht –

so wie das Müsli von dem Seitenbacher!

Leude – ich – *brauche* keine Trademarks,

keine Labels und Fashion!

Sich *selber* treu zu bleiben,

ist die *neue* Obsession!

Denn *egal*, wie du aussiehst,

das, was zählt, ist Respekt!

Aus Liebe zu dir selbst!

Und da weiß man, dass es schmeckt!

Jo!

Gegen Hass und Gewalt (Liebe)

1

Wir... leben in 'ner Welt
voll von Hass und Gewalt,
und das, *was* vor allem fehlt,
das ist der Zusammenhalt!

Überall... siehst du täglich diese Spinner,
diese Brüller,
ihre Egos unerträglich,
meinen echt, *sie* wär'n der Knüller.

Machen *ihre* Karrieren,
bauen *uns're* Barrieren,
und dann *glauben sie* auch noch...
dass sie uns're *Stimme* wären!

Ich sag: *Nein,* Mann, das *geht* nicht!
Deine Flagge weht nicht!
Denn *was* du hier abziehst,
das wird allmählich *eklig*!

Du *machst* alles nieder,

um davon zu profitieren!

Und du *haust* auf *die* drauf,

die in diesem Spiel verlieren!

Du bist *gut im Taktieren*,

und du spielst mit Menschenmassen!

Du lässt Wut explodieren,

statt es menschlich zu belassen!

Dabei denkst du nicht an morgen,

du schaffst Angst und echte Sorgen!

Doch es bleibt uns nicht verborgen!

Und jetzt lausch' mal meinen Worten:

Alle... Gegen Hass und Gewalt –

Steht jetzt auf, bevor es knallt!

Schluss mit Spalten und mit Kriegen –

lasst die LIEBE... obsiegen!

Gegen Hass und Gewalt –

Wieder mehr Zusammenhalt!

Ein Signal für die Mensch-heit...

weil ihr alle MENSCH seid!!!

2

Du bist zu *kurz* gekommen,

doch du fühlst dich wie Napoleon!

Hast'n *Zwerg* nicht nur im Garten,

doch was kümmert dich der Nachbar schon?!

Statt *Solidarität*...

emotionslos wie Toastbrot!

Den Schoß auf dem So-fa,

du tobst: Was ist *bloß* los?!

Dein Rück-grat gebrochen,

doch dein *Kreuz* machste schon, 'ne?

Du jammerst ständig rum,

das System sei für die Tonne!

Und du *weißt* eine Antwort –

die heißt: richtig radikal!

Und so schlenderst du dann *doch noch*...

mal zur nächsten Wahl....

Und als Retter ziehst du *Trump* heran,
du glaubst, dass so ein *Mann* es kann,
auch du bist so ein Hampelmann!

Du lebst in deiner Traum-welt,
so wie Kalle Blom-quist!
So dass dir nicht mal auf-fällt,
was du für ein Honk bist!

Da*bei*… redest DU…
dass sie lügen und betrügen,
doch beim erst-besten *FAKE*…
lässt du dich *selbst* unterpflügen!

Wieder mächtig, wieder groß –
ja das woll'n sie alle sein!
Sagen sich vom Handel los,
reißen die Verträge ein!

Doch du brauchst 'ne harte Hand –
wie bei *Kim* und Duterte!
Is' ja nicht in *deinem* Land –
bist ja nicht der Eingesperrte!

Und für *dich* ist das die Lösung –
nur für *uns* ist's 'n Schock so!
Du hängst... an den Lippen
und der *Nase von Pinocchio*!

Alle... Gegen Hass und Gewalt –
Steht jetzt auf, bevor es knallt!
Schluss mit Spalten und mit Kriegen –
lasst die LIEBE... obsiegen!
Gegen Hass und Gewalt –
Wieder mehr Zusammenhalt!
Ein Signal für die Mensch-heit...
weil ihr alle MENSCH seid!!!

3

Gegen Hass und Gewalt,
das ist *das* Gebot der Stunde!
Und man sollt' es öfter hören,
irgendwann aus *jedem* Munde!

Diesen Film ab heute stören –
bis hinein ins kleinste Pixel!
Diese Welt läuft aus dem Ruder –
ist *bekloppt* wie ein Schnitzel!

Denn es *gibt..* viel zu viele
dieser neuen Extremisten:
Ganz egal, wie sie heißen,
Nazis oder Salafisten!

Auch die *Christen*….
sind vor diesem *Mist* ja nicht gefeit,
und so machen sich auch *da*…
radikale Gruppen breit!

Mit der Bibel in der Hand
wird Brasilien jetzt regiert,
Bolsonaro, der Messias –
der den Regenwald rasiert!

Schiere Gier im Jetzt und Hier,
nix fürs Heil des kleinen Mannes!
6-6-6, das wilde Tier…
Offenbarung des Johannes!

Schaust du auf die Hintermänner,
sind sie sich erstaunlich nah,
Gleiche Blasen, gleiche Phrasen –
Toleranz ist *kaum mehr* da!

Alle bau'n um sich 'n *Zaun* –
dabei fehlt ihn' selbst 'ne Latte!
Und die Erde sei 'ne Scheibe –
Scheiß auf Wissenschaft und Mathe!

Führst du *sie* dann ad absurdum,

lassen sie dich nicht mal *aus-reden*!

Wirre Theorien,

denn die Menschheit sucht nach *Aus-wegen*…

Raus… aus der Matrix –

doch nicht rein in *dieses* Spek-trum!

Denn *jeder* Fanatismus

ist doch einfach… *fürs Rek-tum*!

Alle… Gegen Hass und Gewalt –

Steht jetzt auf, bevor es knallt!

Schluss mit Spalten und mit Kriegen –

lasst die LIEBE… obsiegen!

Gegen Hass und Gewalt –

Wieder mehr Zusammenhalt!

Ein Signal für die Mensch-heit…

weil ihr alle MENSCH seid!!!

4

Leute, und jetzt tragt die frohe Botschaft,
dass man's nur im *selben* Boot schafft!
Was auch *du* schaffst, selbst im *Kuh*-Kaff,
ist mehr Empathie und Haltung!
Lasst uns miteinander reden,
überwinden wir die Spaltung!

Also... *Schluss* mit all dem *Hass* man,
den lass man
ganz blass dann,
ach was, Mann!
Denn dass man
nur Hass kann,
ist krass, Mann,
ja, fass an,
lass Spaß ran,
statt Hass Fun!

Drum im *kleinen* Kreis…

gleich ob arm oder reich,

sei es hart oder weich,

auch mal *Freude* und das *Glück* seh'n!

So können wir vielleicht

dieses Riesen-Rad zurückdreh'n!

Egal wie du heißt

und ganz gleich

welche Haut-Farbe,

ist doch *eher* entscheidend,

dass ich *Herz*

unter der Haut habe!

Das in einer *Zeit*,

in der jeder seinen *Scheiß* schreit…

Diese eine *Welt*

schreit nach *Einheit* und *Weisheit*!

Doch eines schönen Tages,

da begreift es die Menschheit!

Und dafür braucht es LIEBE –

und ganz sicher keine END-ZEIT!

Lyrische Texte

NichtGanzDichter macht sich auf alles seinen Reim. Vom vierhebigen Jambus bis zum Nonsens-Vers bedient sich der Wortakrobat aller möglichen und unmöglichen Formen.

Manchmal lädt der Schüttelreim wahrlich zum Schütteln ein. Motto: „Ich sag', man soll mal schöner dichten, als am Tag nur Döner schichten!"

Gesprochen entwickeln fast alle seiner Werke den für ihn typischen „Flow", heraus kommt eine klangvolle, temporeiche, mitunter durchaus anrührende Sprachmelodie.

Auch thematisch deckt NichtGanzDichter ein imposantes Spektrum ab. Da taucht schon mal ein neuer Erlkönig auf, der Poet entdeckt seine Dankbarkeit – und er wendet sich an all jene, die, wie er selbst, „Einen Tic anders" sind!

Einen Tic anders

Du hast doch 'ne Meise!
Du hast den Schuss nicht gehört!
Du hast doch einen an der Waffel!
Du bist doch nicht ganz dicht!
Aber sonst geht's dir gut?

Diese Zeilen sind für all jene mit 'ner Macke,
für die, die nicht ganz sauber sind,
für alle nicht ganz Dichten,
für alle, die sie nicht mehr *alle* haben –
und für die, die nicht ganz richtig ticken, sozusagen.
Für euch... erzähle ich die folgenden Geschichten.

Einen Tic anders...
Das sind die großen
und die kleinen Spinner dieser Welt,
die Pläne schmieden...
die der Normalo nicht versteht,
die Wege gehen,
die der Normale niemals geht,

für sich Visionen schaffen

und nach Idealen streben,

zu viele Fragen stellen

und nicht an ihren Mustern kleben,

die was riskieren...

und dabei auch mal verlieren...

einen Tic anders eben.

Einen Tic anders...

Das ist der Künstler auf den Brettern,

die für ihn *kein* Geld bedeuten,

und der vor viel zu wenig Leuten

zappelt, schreit und rappt..

Ist der Applaus dann erst mal abgeebbt,

steht er für sich allein.

Und von all dem Fröhlichsein

bleibt nur der schöne Schein..

Denn dass er manchmal

krampft und ruckt und zuckt,

ist ein Detail, das meistens *keinen* juckt...

Ach, immerhin bleibt er adrett und nett...

Man denkt sich das doch anders bei Tourette...

Einen Tic anders...

Das sind *die*, die einen Job

im *ersten* Arbeitsmarkt vermissen,

und das *trotz* ihren Inseln voller Wissen...

Dies in Gebieten, die sich vielen *nie* erschließen,

mit Energien, die sie zielgenau vergießen,

die ihre Briefe erst sachlich strukturieren

und manches Nummernschild exakt analysieren,

Verhaltensregeln *lernen*,

doch niemals nachempfinden,

und ihren Platz in unserer Mitte...

noch zu selten finden...

weil die Gesellschaft den Autismus oft verkennt.

So bleibt am Ende nur... verschwendetes Talent.

Einen Tic anders...

Behindert ist man nicht, behindert wird man!

Der Spruch wär eigentlich fantastisch...

wenn wir uns nicht *beschimpfen* würden als

„behindert", „krank" und „spastisch"!

Wie wär's, wenn alle vorsichtig und fairer sind?

Und nicht gleich lästern über die,

die etwas schwerer sind?

Und über die, die doch nur Trübsal blasen…

statt zu bespaßen… diese depressiven Phasen!

Einen Tic anders…

Das kann so vieles sein.

Und nicht gleich *jeder* Tic

ist lästig und gemein.

Ach halb so wild, du musst dich gar *nicht* plagen,

musst nicht mal deinen Apotheker

oder Arzt dazu befragen.

Mit Schuh-Tic, Putz-Tic, Fitness-Tic…

hast du halt deinen *Spleen!*

Aber was soll's… wenn du ständig schrubbst,

ist wenigstens die Bude clean?!

Das ist doch alles nix, wovor mir bang ist!

Wie gut, dass niemand weiß…

dass es längst ein Zwang ist.

Und dass niemand sieht,

wie du manchmal Frust hast,

wenn deine *Triebe* dich beherrschen,

und jeder glaubt, dass du die pure Lust hast...

Einen Tic anders...

das sind viel *mehr* als die, die *ohne* Makel sind,

und allzu oft bewahren *gerade sie* in sich das Kind.

Sie treiben ihren Unsinn, Schabernack und Faxen,

sie wollen *alles* werden, nur... niemals erwachsen –

bis dann der wache Geist

im Kopf dem Honig weicht...

Und fällt das Lächeln im Gesicht auch so nicht leicht:

Originale *jeder* Art – sie sind geprägt vom Leben,

und das auf *ihre* Weise: einen Tic anders eben.

[KURZE PAUSE]

Ach... was ist denn schon normal, was ist verrückt?

Und woran machst *du* fest, ob's *mich* bedrückt?

Wann ist es noch ein Tic,

und *wo* beginnt der Schaden?

Und kann vielleicht sogar...

die Mathema-TIC… dazu etwas verraten?

Nach dem Satz von Montel

ist eine Familie dann normal,

wenn sie gleichmäßig beschränkt ist!

Das ist kein Witz!

Doch was begrenzt ist, ist allzu oft der Horizont…

auch wenn wir, wie bereits Einstein wusste,

alle unter dem gleichen Himmel leben…

So lass' uns doch ganz einfach …

jeden seinen Fimmel leben!

Einen Tic anders eben…

[KURZE PAUSE]

Ach, dann nenn es ruhig

'nen hoffnungslosen Fall!

Wir haben kein Problem

mit uns'rem liebenswerten Knall!

Auch weil wir wissen:

So 'ne kleine *Macke*

heißt doch noch lange nicht…

balla-balla oder weiße Jacke!

Denn… ist das Leben mit 'nem Tic

auch manchmal schwer,

eines steht schon fest:

Wir werden immer mehr!

Einen Tic anders… bitte sehr!

Also *fang* an!

So tu *auch du dir*… doch einfach mal 'nen Zwang an!

Zu lang gezappelt… oder mal zu viel gezuckt,

richtig geschrien… oder falsch geguckt!

Zu laut geklatscht… oder leise rumgekichert…

Das Eine sei euch allen hier versichert:

Ansonsten geht's uns gut.

Denn… einen Tic anders…

Das sind wir, ihr, du und ich!

Ein jeder auf *seine Weise*, nur sehen's manche nicht!

Drum jedem *seine Meise*, und darauf ein Gedicht!

Weil ein jeder von euch

einfach wertvoll ist!

Danke!

Erlkönig 2.0

Wer… schreit denn so spät bei Nacht und Wind?

Es ist der Rentner, er hat kein Kind!

Hat keine Rente und auch kein Haus,

ist ärmer als jede Kirchenmaus!

Nur einen Lumpen… um seinen Arm.

Er fasst ihn sicher, er hält ihn warm.

„Mein Rentner, was birgst du so bang dein Gesicht?

Dachtest du etwa an Vorsorge nicht?"

„Wer bist du? Du siehst doch, bin alt und krank!"

„Ich bin der Herr König und bin von der Bank!

Ich habe die besten Finanzprodukte!"

Kaum war es gesprochen, der Rentner schluckte.

„Was soll es mir bringen? Was wollt Ihr bezwecken?

Mir reicht's nicht zum Leben und nicht zum Verrecken!"

„Mein lieber Rentner, komm geh' mit mir!
Und auf dem Finanzmarkt, da spiel' ich mit dir!
Anstatt hier zu klagen und nur zu heulen,
erklär' ich dir besser mal meine drei Säulen:

Gesetzlich, betrieblich und auch noch privat,
dann... *hat* man im Alter 'ne Rente parat!
Denn lieber schon früher sein *Ent*gelt umwandeln,
als später... sich seine Zukunft verschandeln!"

„Herr König, Herr König, ich bräuchte nur... Gold!
Und weiß nicht so recht, was IHR von mir wollt?!"
„Mein Rentner, mein Rentner, ach hörest du nicht,
was dir dein Berater ganz leise verspricht?

Noch *heute* die günstigsten Konditionen,
maxi*ma*le Rendite, es soll sich doch lohnen!"
„Wie soll das denn gehen, wie kann das nur sein?"
„Meine Bank und ihre Töchter, die wickeln dich ein!
Ach, hättest du früher ans Alter gedacht,
es hätte dir weniger Kummer gebracht!"

„Herr König, Herr Vertreter, oh bitte, versteht,

jeden Zent hab' ich zwanzigmal umgedreht,

fürs Sparschwein blieb da leider kein Raum...

In Würde zu altern, das bleibt nun ein Traum!"

„Mein Rentner, mein Kunde, bleib' ruhig, mein Kind!

Die Stürme des Lebens sind nichts als ein Wind.

Dank *uns'rer* Bank stehst du niemals im Regen!

Ich begleit' dich...

auf sämtlichen Durchführungswegen!"

„Herr König, was soll das konkret bedeuten?"

„Ob Riester, ob Rürup, ich verkauf's allen Leuten!

Direkt versichern, Pensionszusage,

mit meinen Produkten verschwindet die Plage!

Sieh, *hier* ist mein Zettel, und hier ist der Stift:

Was fehlt, ist *allein* deine Unterschrift!"

„Herr König, Herr König, ach seht ihr nicht dort

die finsteren Wolken am Börsen-Ort?"

„Mein Rentner, mein Rentner, ich seh' es genau:

Die Kurse erhol'n sich – steig' ein und sei schlau!"

„Herr König, ich frag euch: Ist das nicht riskant?
Am Ende fährt das noch ganz an die Wand…?"

„Vertrau mir, mich reizt doch…
mein schönes Gehalt!
Und bist du nicht willig, dann brauch ich Gewalt!"

„Oh nein, Herr König, was soll ich denn tun?
Ich möchte im Alter doch einfach nur… ruhen!"

„*Ich* kenne die Lösung, die wirst du bejahen…
Wie wäre es denn mit 'nem Fondssparplan?
Zuerst investieren, die Fonds variieren,
Rendite kassieren, da kann nix passieren!
Das Einzige, was ich so*gleich* von dir mag:
Du unterschreibst jetzt diesen Vertrag!"

Dem Rentner graust es, doch tut er's geschwind,
Herr *König* verschwindet, ist froh wie ein Kind.
Sein Blick fest gerichtet auf… Provision,
der Wind nimmt zu, doch was *stört* ihn das schon…
Erreicht seine Villa mit Müh und Not.
Doch da kommt der Crash – Finanzen tot!

Europa in 5 Minuten

Europa –
Tochter von König Agenor und Telephassa,
warst die Liebschaft von Zeus,
schwammst mit ihm
bis Kreta durch das Wasser.
Dank Aphrodite
trägt *unser* Erdteil *deinen* Namen –
der Beginn einer Geschichte
voller Zuversicht und Dramen.

Manche sagen, Europa sei kein Ort,
sondern eine *Idee*.
Du bist mehr als ein Wort,
und du bist echt OK –
wie Irlands grüner Klee!

Für mich bist du die beste aller Welten,
lebten hier schon Römer…
Osmanen und die Kelten.

Europa, du reißt uns voll vom Hocker!

Du reichst so weit - von Jekaterinburg...

bis Cabo da Roca.

Kritische Geister litten hier Jahrhunderte lang...

Die Inquisition machte uns für Jahrhunderte bang.

Millionen Menschen ließen hier ihr Leben,

zu oft im Namen von *Gott*.

Und nach Frankreichs Freiheitsstreben...

ging das halbe Land...

erst mal zum Schafott!

Doch nach dem Schrecken

deiner Richter und Henker...

begann eine Epoche...

deiner Dichter und Denker!

Leute wie Hegel, Feuerbach und Kant...

haben's erkannt: Nutze deinen Verstand!

Wie schon Rousseau und Descartes zuvor...

nahm man die Aufklärung in die Hand...

und Europa stieg empor!

Auch weil der Glaube inzwischen reformiert war,

was dank *Luther* und Melanchthon

nach und nach passiert war.

Von Renoir bis zu Matisse,

wurde die Schönheit deiner Künste uns gewiss!

Europas Geist - einzigartig und in so vielen Facetten,

Ausdruck in Verdis Opern...

und in Lehars Operetten,

in Schuberts Liedern

und bei Hoffmann von Fallersleben -

und *Ludwig van Beethoven*...

hat dir... deine Hymne gegeben!

Europa, lang hast du geschlafen –

und wurdest *mehr* als wach!

Shakespeare, Goya und Bach...

hast DU hervorgebracht!

So manchen kann man da schon mal vergessen!

Und ohne Francis Drake würden wir...

wohl keine Kartoffeln essen!

Europa, deine Kirchen –

geschmückt mit Fresken von Michelangelo...

Suchst du ein Erbe der Kultur,

frag mich nur: Wann und wo?! Und ich find' sie:

Werke von Rembrandt bis Leonardo da Vinci!

Denn überall... wirst du in Europa fündig!

Hier erfand man den Buchdruck,

sag ich nur kurz und bündig!

Europa, du wurdest zum Startpunkt

für die Technik unserer Tage.

Und auf die *industrielle Revolution* folgte...

die soziale Frage.

Ab 1840 zog es Millionen Menschen

in die USA vor Hunger.

Als *Robert Blum* erschossen war,

ertrank die Paulskirche in Kummer.

Elend und Unterdrückung

waren viel zu oft allgegenwärtig!

Europa, schon *mehrmals* dachten alle,

jetzt seist du fix und fertig!

Warst gebeutelt von deinen Herrschern

und vom Schwarzen Tod.

Und immer wieder... bist du total verroht!

Kaum jemand glaubte mehr an deine Kraft

nach dem Dreißigjährigen Krieg...

Doch erholtest dich *meisterhaft,*

feierst einen fleißig währenden Sieg!

Europa, du wurdest zerrieben

von Verfechtern... von Ideologie...

Und dennoch muss man dich lieben,

bist Gegenstand... auch meiner Poesie.

Europa, die *halbe Welt* hast du umrundet,

hast sie kolonisiert...

den menschlichen *Körper* erkundet...

Und du hast *Kreuzzüge* organisiert!

Du hast so vieles geschaffen,

und vieles lief verkehrt!

Schon 1789 hast du uns...

die Menschenrechte erklärt.

Mit der Europäischen Union
haben sich die Staaten verbunden...
Man hoffte, alte Rivalitäten
wären endlich überwunden.
Inzwischen 28 Länder,
die an immer neuen Regeln feilen,
und von denen sich 19 sogar...
eine offizielle Währung teilen.

Europa, über all die Jahre bist du so gut gewachsen,
ich frage mich: Warum denn nur...
machst du auf einmal Faxen?

Man könnte meinen, deine Entwicklung
gerät zur Zeit ins Stocken.
Es scheint, die Kräfte werden mehr,
die's grad verbocken!

So manche deiner Schwächen
nenn' ich hausgemacht!
Gehörst in Teilen überdacht,
doch niemals ausgelacht!

Auch nützt es wenig,

wenn man wegsieht, Baby!

Sonst gibt's nur Drama

wie beim *Brexit, maybe*!

Es wär *zu* schade… wenn wir uns am Ende *spalten*.

Darum, Europa, heißt es jetzt: *zusammenhalten*!

Denn du bist voller Reichtum, bist ein Schatz!

Auch wenn der Wind grad stürmisch weht,

bist DU unser Platz!

Europa… 700 Millionen sind in dir zuhause!

So *wie* wir's grad erleben,

gönnst du dir mal 'ne Pause.

Und *dann*… mach bitte weiter,

mit Herz und neuem Schwung!

Europa – Gegenwart, *Zukunft, nicht nur Erinnerung*!

Denn glaub' mir, es gibt viel mehr,

was uns verbindet als uns trennt!

Europa, du bist und bleibst für immer …

unser Kontinent!

Für euch Frauen

1. Ihr bringt das Leben in die Welt,
ihr seid es, was dem Mann gefällt!
Ihr habt keine starken Ellenbogen...
und konsumiert höchstens weiche Drogen!

2. Ihr parkt in Lücken nicht gerne ein,
erzählt nicht so viele Schweinereien...
Ihr kauft keine Autos, sondern Schuhe,
ihr redet so viel und gebt niemals Ruhe!

3. Ihr seid süß wie Bärchen von Haribo,
und geht fast immer zu zweit aufs Klo...
Eure Haare tragt ihr zum Zopf gebunden,
wenn ihr shoppen geht, dauert das einige Stunden.

4. Ihr mögt weder Fußball noch Formel Eins,
von euren Geheimnissen sagt ihr mir keins...
Ihr habt häufig Kopfweh und meint: „Gib mir Zeit" –
und der Mann ist leider schon seit Stunden bereit...

5. Ihr trinkt gerne Cocktails und süße Sachen,

ihr könnt in Männern das Feuer entfachen!

Ihr wisst, wie man sie am besten verführt,

ihr Frauen seid oft auch zu Tränen gerührt.

Ihr seid als das schwache Geschlecht bekannt,

und neue Männer sucht ihr im Land!

6. Ihr kämpft nicht mit Fäusten, sondern mit Worten,

sammelt Schmuck... in allen erdenklichen Sorten.

Ihr wartet, dass euch der Traumprinz begegnet

und dass es vom Himmel Rosen regnet.

7. Ihr liebt es, wenn man euch etwas schenkt,

und häufig seid ihr sofort gekränkt!

Ihr macht es den Männern wirklich nicht leicht,

seid als Kind schon auf kleine Zicke geeicht!

8. Ihr seid für uns Männer oft unverständlich,

und dennoch lieben wir euch unendlich!

Ihr seid einfach wunderschön anzuschauen,

Ich dichte jetzt nur noch... für euch Frauen!

Für euch Männer

1. Als Herren der Schöpfung seid ihr bekannt,
das Hirn in der Hose, das Bier in der Hand,
die Kippe im Mund, das Gesicht schlecht rasiert,
so ein richtiger Macker, markant, tätowiert.

2. Ihr pflegt euren Wagen und wechselt den Reifen,
kommt 'ne süße Blondine, dann.. wollt ihr sie greifen!
Trotz dicker Hose und dicken Taschen
kriegt ihr sie nie, denn ihr seid nicht gewaschen.

3. Den Slip wechselt ihr noch nicht einmal täglich
für euch ist das männlich, für die Frau unerträglich.
Bei kleinen Geschäften bleibt ihr gern stehen,
um beim Nebenmann kurz nach der Länge zu sehen.

4. Ihr seid immer fit, mal höchstens 'ne Prellung
beim Abseits, im Job und im Bett zählt die Stellung.
Eure Sorgen ertränkt ihr im Alkohol,
euren Schlitten präsentiert ihr als Statussymbol.

5. Hat die Frau eine Meinung, so nennt ihr sie Zicke!
Auf junges Gemüse verschwendet ihr Blicke!
Ihr schlagt euch beizeiten den Schädel ein,
um danach bei 'nem Bier wieder Freunde zu sein.

6. Ihr seid gerne stumm, sprecht Emotionen nie an,
sonst fühlt ihr euch nicht mehr als richtiger Mann.
So gebt ihr euch lieber ganz lässig und cool,
denn niemand soll denken, ihr seid vielleicht schwul?

7. Ihr sucht ständig das Eine, da macht ihr auf nett,
wollt 'ne heilige Mutter und 'ne Hure im Bett!
Der billigste Trick macht euch unendlich schwach,
weil ihr fremdgeht, gibt's hinterher Ehekrach.

8. Ihr lest stundenlang Zeitung und sitzt vorm TV,
Essen und Bier bringt die Ehefrau…
Und meistens läuft nix mehr nach einiger Zeit,
dann praktiziert auch ihr Männer gern Handarbeit!

9. Wird die Frau ganz romantisch,

kriegt ihr schon das Kotzen!

Beim Fußball pflegt ihr auf den Boden zu rotzen.

Ja, nur auf dem Sportplatz…

fühlt ihr euch als Held –

und bückt euch niemals,

wenn die Seife fällt!

10. Tja, so traurig das ist, wie müsst ihr euch plagen…

In Wirklichkeit habt ihr rein gar nix zu sagen!

Denn *fühlt* ihr Männer euch noch so munter,

zuhause bringt ihr wieder den Müll hinunter…

Der Mathematiker

Er ist etwas zu genau!
Er hat weder *Kind* noch Frau!
Ist schon von Geburt an schlau!
Hat *nicht* den perfekten Körperbau!

Er hockt in der Stube – brav auf dem Stuhl!
Er trägt 'ne Kra*watte* – ist kühl, doch nicht cool.
Er schwebt so fernab… von unserer Welt,
sein *Geist* ist so wach, brillant und erhellt!

Im *Leben* bewegt er sich neben der Spur,
*ganz selt*sam, verschroben, ich sag es ja nur.
Verabscheut das Risiko, kennt keinen Spaß,
be*weist* den Satz des Pythagoras!

Er *igelt* sich ein – *daheim* ist sein Nest!
Vermeidet die Menschen… beinah' wie die Pest!
Er scheut Emo*tionen* wie Liebe und Wut.
Vektoren, Matrizen, nur *die* tun ihm gut!

Egal was er tut, er bleibt strukturiert!

Und andere nennen ihn kleinkariert!

Er pflegt seine Liebe zum kleinsten Detail!

Und wenn alles aufgeht, erst dann isses geil!

Denn Definitionen, ein Satz mit Beweis

bedeuten für ihn halt den heißesten Scheiß!

Und halten Gedanken ihn ständig auf Trab,

analytisch… da *geht* ihm echt voll einer ab!

So steigt er aufs Fahrrad, wozu einen Benz?!

Er ist eine Bestie der Intelligenz!

Mit Macken gestraft, doch mit Scharfsinn gesegnet:

Seid froh, dass ihr einem wie MIR heut' begegnet!

Weihnachtszeit

Wenn alle Menschen Kekse backen

und sich in ihren dicken Jacken

schubsend in den Läden drängen

und sich durch Weihnachtsmärkte zwängen,

das eig'ne Wort nicht mehr verstehen,

in Lichtermeeren untergehen,

weil jeder noch Präsente sucht

und dieses Fest schon fast verflucht,

und alle Tage sind verplant,

weil das, was kommt, ja jeder ahnt,

der Schnee dazu nicht fallen will,

und auch kein Kind hält hier noch still,

bis irgendwann Bescherung ist....

bevor man dann den ganzen Mist

ganz einfach in die Tonne kloppt,

und weil man nur zusammenhockt

mit Leuten, die man sonst nie sieht,

und denen man jetzt nicht entflieht,

verfliegt die Liebe, siegt der Streit...

dann herrscht so richtig – „Weihnachtszeit"!

Danke

Ich sage „danke" dafür,

dass du mich verstehst!

Danke, dass du mit mir

auf allen meinen Wegen gehst!

Danke, dass ich ausgerechnet *dich* zum Freund habe!

Und danke, liebe Sonne,

dass ich mich dank dir gebräunt habe.

Danke, lieber Apfelbaum,

dass du in den Himmel schießt!

Und danke, liebes Barthaar,

dass du so schnell sprießt!

Danke, Bata Ilic,

dass du mich mit deinem Schlager erquickst!

Und danke, meine Muse,

dass du mein Hirn andauernd… durcheinandermixt!

Danke, lieber Nachbar,

dass du mich heute mal nicht stresst!

Und danke auch an *den* Deppen,

der mich ansonsten hasst wie die Pest!

Ich sage: Danke dir… für diesen sinnlosen Streit,

und danke für das Baby, das wie von Sinnen schreit,

ich sag mal danke für meinen Chef, der mich triezt,

und sage auch danke, dass du mich nicht gleich siezt!

Danke für die Möglichkeit, mich zu bedanken!

Und danke für ein Leben

ohne Zwang und ohne Schranken!

Danke… für deinen vorgetäuschten Orgasmus!

Ich sage danke, denn ich weiß ja: Was muss, *das muss*!

Und danke dir für dieses kleine Stelldichein,

und ja, ich komme wieder, darauf stell dich ein!

Danke… für deine ehrlichen Zeilen!

Und danke für deine Bereitschaft, mich zu teilen!

Oh, ich *danke* dir…

dafür, dass du meine Macken erträgst!

Und sogar dafür,

dass du mich im Schachspiel schlägst!

Ich sage… danke… für deinen Einsatz!

Und *danke*, ja, das ist *mein Satz*!

Ich sage dankeschön... für alles und jeden!

Ein großes Danke

für mein Dasein und für mein ganzes Leben!

Danke, denn es sollte viel mehr „Danke" geben!

Ich sage danke... selbst für deine kleine Schwindelei,

für die Gefühlsachterbahn,

denn ich bin schwindelfrei!

Ich sage danke für diesen Kuss auf den Mund,

und danke auch... für diesen Stuss aus dem Mund!

Danke für deine fundierte politische Meinung,

und danke ... schlicht für deine Erscheinung!

Danke für dein Lächeln, für dein Weinen

und für dein Format!

Und selbst für deine schrullige Art....

hab ich 'nen Dank parat!

Danke dir... für deine neue Idee,

und danke für deine Kritik, tut sie auch weh!

Ich sage danke... für dein stets offenes Ohr!

Und danke dir... für dein stets offenes Tor!

Glaubt mir: Mein nächstes Danke...

steht schon kurz bevor!

Ach, ich sag jetzt danke,

dass du mir überhaupt noch zuhörst

Ich sag selbst danke,

wenn ich denke, dass DU störst!

Zum Abschluss:

Danke für eure Aufmerksamkeit!

Vor allem dankeschön

für diese drei Minuten Redezeit!

Heut sag ich danke,

für *all das*, was mich umgibt,

und mein größtes Danke...

geht an jeden,

der mich liebt!

Dankeschön!

Prosa-Texte

NichtGanzDichter wühlt sich quer durch die Genres und Ausdrucksformen literarischen Schaffens:

Exemplarisch zu nennen wären politische und gesellschaftskritische Essays, Kurzgeschichten, Werbetexte, Rätsel, Tests und sonderbare Abituraufgaben – und manches Mal sogar fiktive Nachrichtentexte, nicht zu verwechseln mit Fake News!

Auch schlüpft der große Meister gerne mal in das Gewand des Sportreporters und erklärt vollkommen zutreffend: „Die Welt spielt verrückt!" Und auch die klassischen Wortspieltexte haben es ihm angetan.

Genau damit soll die Reise nun beginnen: eine Reise mit Käse, wohlgemerkt! Viel Spaß!

Bon Fromage

Meine Reise nahm ihren Anfang in der hessischen Provinz. Da quartierte ich mich bei einem Kumpel ein. Er war ziemlich **kräftig**. Kein Wunder, immerhin ist er ein echter **Limburger**. So verbrachte ich einige Zeit bei ihm in der **Molkestraße**. Da kamen illustre Gesellen zusammen. Und allesamt waren sie **Feta**. So hatte jeder seinen **Dreikäsehoch**. Außer Till. Sobald ein **Baby bell**-te, musste Till darauf aufpassen. Somit war regelmäßig **Till Sitter**. Auf Dauer war der nur noch genervt. Er hatte die Nase **gestrichen** voll, und am Ende war sein ganzes Geld alle. Was leider abzusehen war, denn die meisten seiner Freunde waren **Harzer**. Auch ich hielt es dort nicht lange aus, nachdem ich zunächst dem Motto treu blieb: **Ha... wart i** halt!

Glücklicherweise begegnete ich dann meiner Freundin. Ella. Die war echt ne **Schnitte**. Am Anfang dachte ich noch, sie sei eher **mild**. Bis ich dann feststellte, dass sie ständig nur meckerte. So hatte ich ab sofort meine **Motzer-Ella**. Nichtsdestotrotz meinten alle meine Freunde, was für ein tolles **Paar me san**! Darum machten wir ganz spontan nach **Rom a Tour**. Das war **fol epi..sch**! Seitdem verreisten wir öfter. Auch letzten Sommer, da zog es uns nach Südafrika. Da **hamas Kap ohne** Probleme umsegelt. Und auch für dieses Jahr hatten wir wieder was geplant. Und das war beileibe keine **Milchmädchen-rechnung**.

Vielmehr war der Entschluss **gründlich gereift**. Also begab ich mich ins Reisebüro. Wohin es denn gehen soll, fragte mich so ein **Alt-Mecklenburger**. Wahrheitsgemäß lautete meine Antwort: Nach **Holland, Master**! So dauerte es nicht lange, und schon stand der **Jet da**. Nach kurzem Flug erreichten wir schließlich die Hauptstadt der Niederlande, wo es uns in den historischen Stadtkern zog. Nach **Old Amsterdam**. Doch Ella wollte schnell wieder weg, was mich doch sehr überraschte. **Beemsta** da nicht gefällt? Sie hatte andere Pläne.

Also musste ich erstmals in meinem Leben aufs Oktoberfest. Ich wurde **weich**. Auf der Theresienwiese begegneten wir einer Gruppe Studenten. Das waren **Münsterländer**. Und sie sangen ihre Lieder. Vor allem eines: **Gouda**-mus igitur. Irgendwann war auch ich betrunken. Dabei dachte ich am Anfang noch, da **kommt Tee**. Bis ich irgendwann ernsthaft glaubte, da **kam en Bär**! So war ich am Ende in **Bavaria Blu**. Und ich wusste nicht mehr so recht, was ich tat.

In dieser Situation lernte ich Gérard kennen, den jungen Franzosen. Er sah aus wie ein **Milchbubi**. Nur noch mir schenkte er fortan seine Aufmerksamkeit. Nach kurzer Zeit war **Gérard mon**! Und ich dachte mir, naja, **ein bisschen Brie schadet nie**! Doch was Ernstes konnte ich mir nicht vorstellen. Eher sowas… **Halbfestes**. Da hatte er sich **geschnitten**. Denn leider war sein **Gorgon so la** la, und außerdem war auch noch **Ricco da**! Irgendwann hat mir das alles mächtig **gestunken**.

Zum Glück hat Ella von alldem nichts mitbekommen. Da machte ich drei **Greyerzer**. Nun wurde es **würzig**. Ich sag es gleich: Von ihr könnt ihr euch alle noch 'ne **Scheibe abschneiden**!

Eines Tages wollte sie es dann wissen! Und ich auch, schließlich bin ich ja kein **Klostertaler**... eher so... **der scharfe Max**. Jetzt konnte ich es kaum noch erwarten. Bei Ella lugte auch schon der **Rock vor**. Und als es dann ernst wurde, hörte ich sie nur noch rufen: „Oh la la, **le Grand Rustique**!" Immer wieder rief sie mir zu, wie **Bon i fahr's**. Ich spürte ihre Leidenschaft tief in meiner **Bergader**! **Alter Schwede**! Ich fühlte mich wie ein **Almkönig**. Genau das Richtige für **manch Ego**. Ich begann wahrlich zu **schmelzen**! Am Ende war ich so richtig **leer, da mer** echt lange Spaß miteinander hatten. Und das Beste kam zum Schluss: Sie hatte an ihrer ganzen **Hand Käse. Mit Musik**!

Die Welt spielt verrückt

Wir schalten jetzt wieder live ins Stadion nach Oberdollendorf. Hier trifft die aktuelle Weltauswahl auf die Elf der Legenden. Werner Hanf, wie schaut's denn aus?

Nach wie vor noch keine Tore. Jetzt ein Angriff der Weltauswahl über die rechte Seite, Horst Seehofer am Ball, mit der Nummer 88, da marschiert er, umkurvt den ersten, den zweiten, und da fällt er schon wieder um! Mensch, Horsti! Angela Merkel erkämpft das Leder, sprintet, zugeknöpft bis dorthinaus, heute ganz in rot, Merkel, formt ihren Körper zur Raute, Merkel, zieht ab, direkt aus dem Mundwinkel! Knapp daneben. Abstoß, Harald Glööckler, nach seiner Doping-Sperre wieder dabei, jaja, das liebe Botox, Glööckler passt auf Conchita Wurst! Wurst, wie Phönix aus der Asche setzt sich die bärtige Diva in Szene, stööößt nach vorne, lässt das Ding durchflutschen zu Daniela Katzenberger.... Spiel, du Luder! Doch was macht die Katze denn da? Da zieht sie den Lippenstift nach, da zieht sie ihren Lippenstift nach. Schlampiges Zuspiel, Ballverlust, an Barack Obama, dieser Modellathlet, der so gerne die Welt retten würde, heute mehr denn je. Obama, ansatzlos, Obama, da übergibt er das Ding an seinen Nachfolger, oh nein, Donald Trump am Ball! Trump, über rechtsaußen, die Frisur sitzt, Trump trampelt nach vorn, am ersten vorbei, was brüllt er denn da rum? Er fordert die La-Ola-Welle, nur für sich! Oh my God! Zurück ins Funkhaus zu unserem

Experten, Lothar Matthäus, der die aktuelle Weltauswahl auf dieses Match vorbereitet hat.

Loddar, wie sind deine ersten Eindrücke? Wie sagtest du doch mal so schön: „Das Chancenplus war bisher ausgeglichen?" *„Also ich finde, wir sind eine gut intrigierte Truppe! I hope, we have a little bit lucky!"* *Das hoffen wir auch – und geben sofort zurück zu Werner Hanf!*

Ja, meine Damen und Herren, Sie glauben nicht, was hier in Oberdollendorf los ist. Und Schuld daran ist dieser kleine Dicke! Nee, nicht Gerd Müller! Kim Yong Un! Der Koreaner macht heute ein Bombenspiel, hat die zündende Idee, doch da fällt ihm die Rakete aus der Hand, da fällt ihm sein Spielzeug einfach aus der Hand. Putin erobert das Leder, Wladimir Putin, dieser lupenreine Balltreter, mit einem überfallartigen Angriff, da lässt er Merkel aussteigen, jaja Wladi, du duldest eben keine Opposition. Putin, schöner Doppelpass mit Lady Gaga, da setzt sie ihr Pokerface auf, will erst noch posieren, für ihre Paparazzi, da wird sie gefoult! Freistoß. Wer stellt die Mauer auf? Da kann es nur einen geben: Donald Trump. Wütend stürmt der Amerikaner zum Tatort, immer noch sauer, dass er schon wieder nicht die meisten Zuschauer hat, Trump, kaum zu bremsen, zückt sein Handy, setzt Twitter-Nachrichten ab! Jetzt kann es endlich weitergehen. Trump, schottet die Mannschaft ab, rigoros, bezahlen müssen's die anderen, die Mauer steht... Freistoß ausgeführt, drüber! Drüber! Abstoß

Harald Glööckler, Glööckler, was er heute zeigt, ist richtig pompöös, so kennen und lieben wir dich, Glööckler sieht Seehofer, doch der stellt sich mal wieder ins Abseits, Zuspiel auf Dieter Bohlen, der vertendelt das Leder. Wer hat *den* denn nur gecastet? Dieter, so wirst du nie ein Superstar! Zurück ins Funkhaus, zu Lothar Matthäus!

Loddar, a pro pos, was sind eigentlich deine Pläne für die Zukunft? „Egal ob Mailand oder Madrid – Hauptsache Italien!" Na, da drücken wir mal alle drei Daumen! Aber schnell zurück zu Werner Hanf, in Oberdollendorf tut sich was!

Elfmeter, Elfmeter! Der Schiri zeigt auf den Punkt. Doch was macht denn Trump die ganze Zeit? Er wedelt mit Scheinen, Trump will den Schiedsrichter kaufen! Und er will die Regeln neu aushandeln! Jaja, so ein Elfer ist wirklich ein schlechter Deal! Wilde Diskussion zwischen Donald Trump und dem Unparteiischen! Doch der lässt sich nicht beirren... Bruce Darnell wird schießen. Darnell gegen Glööckler, was ein Duell. Glööckler, erwartet den Schuss, in seinem strassbesetzten Torwartanzug. Darnell, läuft an, verzögert, und dann rutscht er aus... auf einem Haufen von Dollarnoten! Was für ein Drama, Baby! Weiter 0:0. Glööckler schlägt ab, Conchita Wurst, der spielt heute nur Käse, weiter zu Falco, doch was treibt der denn da an der Torlinie? Ich fasse es nicht! Falco, das weiße Zeug ist Kreiiide! Gelbe Karte! Aber da leg ich mich fest: Bei der nächsten Nase fliegt er! Spieleröffnung über Merkel,

Angela, du musst noch lange nicht weg, Zuspiel auf Trump, immer wieder Trump. Doch was macht Trump? Hält abrupt an, er hält an! Weil die Mitspieler die Hymne nicht singen! Trump, außer sich vor Wut, rastet aus, geht auf seine Kollegen los. Er will sie feuern! Doch das Auswechselkontingent ist längst erschöpft…. Donald, wir sind hier nicht im Weißen Haus, wir sind in Oberdollendorf! Ein letztes Mal zurück ins Funkhaus zu unserem Studio-Experten.

Loddar, wie wir hautnah miterleben, gab es einige brenzlige Szenen. Was sagst du denn zur Leistung des Unparteiischen? „Erst hatten wir kein Glück, dann kam auch noch Pech dazu! Aber Schiedsrichter wär nix für mich, lieber was, was mit Fußball zu tun hat!" Das lassen wir mal so stehen. Jetzt wieder zu Werner Hanf, mit der heißen Schlussphase…

Ja, immer noch keine Tore in der Dolly-Buster-Arena in Oberdollendorf… aber die Joker sorgen für frischen Wind. Micaela Schäfer ist am Ball, zieht am ersten vorbei, trickst Angela Merkel aus, die fällt hin und will es aussitzen, Micaela Schäfer macht das ganz raffiniert, da zieht sie sich ihr Leibchen aus! Da zieht sie ihr Leibchen aus! Micaela, du alte Textilallergikerin! Leitet das Leder weiter auf die Katze, Daniela Katzenberger, verliert ihren Tanga, oh nein, da verliert sie den Tanga mitten auf dem Platz – und Horst Seehofer dreht sich direkt um! Wer fällt denn da auf einmal vom Himmel? Oh mein Gott, FRANZISKUS! Er will ins Spiel eingreifen! Putin, auch *er* inzwischen oben ohne, Wladimir, du Schlitzohr, sieht Franziskus, Steilpass, direkt zu Franziskus.... Der nimmt die Pille an! Stellen Sie sich das vor! Franziskus nimmt die Pille an... Franziskus.... läuft aufs Tor zu, Franziskus frei vor dem Tor, zieht ab... er macht ihn *reiiiin*!!! Er ist drin!!! Du Lustgreis! Ich fall vom Glauben ab!!! 1:0, Franziskus, du bist ein Fußballgott!!! AUS, AUS, AUS, das Spiel ist aus!

Schlechte Witze

Ich bin der Erhardt, der mehr hat! Und ich bin der, der Gernhardt gern hat! Ich bin gern hart! Auch wenn es darum geht, schlechte Witze zu erzählen!

Was ist eigentlich das Gegenteil von Katze?

- Hund!
- Falsch!
- Maus?
- Falsch!

Das Gegenteil von Katze lautet „Kater"!

Gewinnt ein Kater einen Ausflug ins All. Er bekommt Todesangst. Warum? – Es geht zum Melmac!

Ein bayerischer Ministerpräsident und ein Förderschüler mit Migrationshintergrund gehen zu einer Dichterlesung. Wird nur der Förderschüler eingelassen. Warum? Der Türsteher kann den bayerischen Ministerpräsidenten nicht verstehen.

Wirft Donald Trump einen Dartpfeil auf den Globus. Wo der Pfeil einschlägt, will Trump alles plattmachen. Trifft der Pfeil... Washington D.C.!

Belästigt ein Spanner eine Fischverkäuferin. Bricht sie ihm die Gräten.

Ein Gramm Koks macht eine Schneeballschlacht mit einer Tüte Gras. Verliert das Gramm Koks. Warum? Es hat die Nase voll.

Trifft ein Gramm Koks einen Poetry-Slam-Moderator. Fragt das Gramm Koks: „Willste dir die Nase pudern?" Sagt der Poetry-Slam-Moderator: „Nee, keine Zeit, muss erst mal Schnee schaufeln."

Im Pokalspiel steht es nach Verlängerung Unentschieden. Sagt der Schiedsrichter zum Spieler: „Jetzt gibt es Elfmeterscheißen." Sagt der Spieler: „Das heißt Elfmeterschießen und nicht –scheißen". Kriegt der Spieler gelb wegen Meckerns. Sagt der Spieler: „Schieß, Schiri!" Fliegt er vom Platz.

Ist hier eigentlich jemand, der Dünsch heißt?

Veranstalten Lothar Matthäus und Bruno Labbadia einen Deutschkurs. Fragt Bruno Labbadia: „Wieso gibst du einen Deutschkurs? Du hast doch selbst Probleme mit der deutschen Sprache!" Sagt Lothar Matthäus: „Ach, das soll man mal nicht so hochsterilisieren."

Treffen sich Donald Trump und Wladimir Putin im Irak. Fragt Trump verzweifelt: „Wo ist denn nur mein Atomkoffer geblieben? Ich Bagdad nich!" Sagt Putin: „Ich Stalingrad."

Donald Trump, Kim Yong Un und ein achtjähriges Schulmädchen spielen ein Wissensquiz. Lautet die Frage: „bester US-Präsident aller Zeiten mit fünf Buchstaben". Sagt Donald Trump sofort: „ME". Sagt Kim Yong Un zu Donald Trump: „YOU?!" Überlegt das achtjährige Schulmädchen und sagt „OBAMA."

Neuer Direktor sitzt auf hohem Ross

Nicht schlecht staunten die Beschäftigten, als sich Dr. Reiner Rumpf, neuer Direktor des Geschäftsbereichs, vor der versammelten Mannschaft persönlich vorstellte und die wichtigsten Ziele für seine Amtszeit bekanntgab: „Wir müssen in dem, was wir tun, endlich **sattelfest** werden", rüttelte der künftige Chef gleich zu Beginn seiner Rede die Belegschaft wach und vergaß nicht, **Ross und Reiter zu nennen**: „Wir müssen die **Zügel anziehen**, im Galopp **voranschreiten** und unsere **Vielseitigkeit** unter Beweis stellen! Nur so können wir unsere **Pflicht erfüllen**! Gefragt ist die ganz **hohe Schule**. Jeder Einzelne von Ihnen wird **Hürden zu überspringen** haben, denn die **Messlatte**, die ich ab sofort auflege, ist außerordentlich hoch!"

Die einleitenden Worte saßen – wie ein Schlag mit der **Gerte**, zumal in einer Atmosphäre, in der ansonsten regelmäßig **der Amtsschimmel wiehert**. Dr. Reiner Rumpf, der aufgrund seiner bisherigen Stationen in der Industrie den nötigen **Stallgeruch** mitbringen dürfte, führte weiter aus: „Damit wir uns nicht falsch verstehen: Wer hier glaubt, er sei ein **toller Hengst**, den werde ich ordentlich **an die Kandarre nehmen**! Ich persönlich werde, wenn es sein muss, **das Pferd von hinten aufzäumen** und **die alten Gäule entfernen. Rittlings!**"

Spätestens in diesem Augenblick dürfte den Mitarbeitern klar geworden sein, dass man sie ab sofort gewaltig **auf Trab halten** und im Sinne eines überaus sportlichen Ziels regelrecht **dressieren** würde. Doch auch das tägliche Miteinander sparte der passionierte Hobbysportler, der nicht nur seine Tiere, sondern auch sein Haar zu **striegeln** versteht, in seiner Ansprache nicht aus: „Wenn ich eines nicht leiden kann, meine Damen, dann ist es **Stutenbissigkeit**! Lassen Sie sich das einmal gesagt sein!"

Vorsichtigen Widerspruch im Publikum wusste der etwas zu klein geratene Vorgesetzte bereits im Keim zu ersticken: „Da brauchen Sie jetzt gar nicht so zu **schnauben**", lautete die kantige Ansage, und auf die ungläubigen Blicke der Gleichstellungsbeauftragten entgegnete Dr. Rumpf nicht weniger deutlich: „Jawohl! Es reicht eben nicht, wenn wir nur konzentriert **in der Box stehen** und **aufs Startsignal warten**! Nein, wir müssen konsequent **das Geschirr herausholen** und **die Spreu vom Weizen trennen**! Ja, **das Leben ist kein Ponyhof!**"

Angesichts der **einpeitschenden** Worte hörte man die ersten Zuhörer mächtig **mit den Hufen scharren**, was die Betriebsratsvorsitzende zur Frage verleitete, ob denn die Beschäftigten auch weiterhin **fest im Sattel** säßen. Dem entgegnete der designierte Direktor mit einem gutgemeinten Tipp: „Wer sich der **Kür** nicht gewachsen fühlt, sollte besser heute als morgen **umsatteln**. Schließlich können Sie sich Ihre **Sporen** auch als **Springer** verdienen!"

Die Belegschaft, nach dem Gehörten sichtlich verunsichert, hatte zunehmend Probleme, die Emotionen **im Zaum zu halten** – bis Dr. Rumpf zum Abschluss seiner Vorstellung doch noch einige aufbauende Worte fand: „Ich will jetzt nicht auf all Ihren Unzulänglichkeiten **herumreiten**. Wenn ich Ihnen nämlich eines attestieren darf, meine Damen und Herren: Sie sind – zumindest die meisten von Ihnen – **aus gutem Stall**. So ist Ihnen der eine oder andere **Etappensieg** durchaus zuzutrauen! Vorausgesetzt, Sie **kommen in die Hufe!"**

Am Ende der Veranstaltung waren sich die Mitarbeiter in der Einschätzung ihres neuen **Zuchtmeisters** weitestgehend einig. Die Betriebsratsvorsitzende brachte es auf den Punkt: „Der neue Direktor hat uns ganz schön **einen vom Pferd erzählt"**. Wenn er sich da mal nicht **vergaloppiert!**

Berichte zum Teambuilding-Tag

Man stelle sich vor, ein großer Finanzkonzern hat seine Mitarbeiter zu einem vergnüglichen Ausflug geschickt. Ziel war die Stärkung des Zusammenhalts in der Gruppe, oder wie der moderne Mensch zu sagen pflegt: „Teambuilding"! Und das kam dabei heraus – hier sind die aktuellen Berichte aus der Mitarbeiterzeitung:

Gemeinsam einen heben!

Andreas M. (64) ist in seiner Abteilung fachlich wie menschlich ein echtes Schwergewicht. Stolze 156 Kilogramm Lebendgewicht bringt der gebürtige Wuppertaler auf die Waage. Kein Problem für die zarte Conny (24 Jahre/48 kg). Gemeinsam mit ihren Kolleginnen mitsamt den Azubinen Jessica (18) und Cindy (17) packte sie beim Teambuilding-Tag der Abteilung in Köln tatkräftig mit an. „Gemeinsam einen heben!" lautete die Devise. Mit vereinten Kräften stemmten die Damen ihren Chef empor! „Wir wollen in der Gruppe Vertrauen schaffen", erklärt Dr. Rosalinde Milcha, Personalentwicklerin und Initiatorin der Veranstaltung, für die rund 25.000 Euro veranschlagt wurden. „Gemeinsam einen zu heben, hat in unserem Unternehmen ohnehin eine lange Tradition. Und wenn es sich dabei um den direkten Vorgesetzten handelt, ist das gemeinsame Heben zweifellos eine ganz besondere Herausforderung für alle Beteiligten". Auch Andreas M.

konnte der Aktion ausschließlich Positives abgewinnen: „Ich wollte schon immer hoch hinaus – und mich freut es, wenn meine Kolleginnen einen Beitrag zur Zielerreichung leisten können!" Das konnten sie definitiv, denn den Damen gelang es mühelos, ihren Pfundskerl in die Luft zu katapultieren. Einen kleinen Wermutstropfen gab es dann doch: Eine Kollegin erlitt infolge der Übung unvorhersehbarerweise einen Bandscheibenvorfall und ist bis auf Weiteres berufsunfähig. Glücklicherweise hat man ja als Versicherungs- unternehmen für derlei Begleiterscheinungen vorgesorgt!

Einen ließen sie fahren

Als die Abteilung anlässlich der Teambuilding-Maßnahme vergangenen Dienstag einen fahren ließ, stank es rund um Michael B. (37, Bilanzexperte) ganz gewaltig. „Da mussten wir uns schon richtig die Nasen zuhalten", seufzt HR-Spezialistin Dr. A.-P. Titt, die bei der ungewöhnlichen Team-Übung in Kerpen persönlich anwesend war. „In unserer Gruppe kommt es recht häufig vor, dass Mitarbeiter einen fahren lassen", erklärt Bereichsleiter Rainer Poh. „Dafür sind wir schon im ganzen Unternehmen bekannt." Dieses Mal traf es eben Michael, den leicht übergewichtigen Diplom-Wirtschaftswissenschaftler mit der markanten Hornbrille. Dass es dabei ganz besonders unangenehm roch, hatten einen leicht nachvollziehbaren Grund: Als die Jungs ihren Kollegen fahren ließen, trat der nämlich mit vollem Einsatz aufs Gaspedal, und so ein Go-Kart produziert nun mal eine Menge Abgase. Der Bereichsleiter bekennt: „Michael ist ein echter Draufgänger. Schon immer wollte er einen Boliden lenken. Dass man ihn nie zum Nürburgring mitnahm, hat ihm schon als kleiner Junge mächtig gestunken." Wenigstens durfte er jetzt auf der Kartbahn ran. So wurde das Kind im Manne geweckt, und entsprechend hoch war der Spaßfaktor bei der Teambuilding-Maßnahme mit dem passenden Titel „Pädagogisch unterstütztes persönliches Sportprogramm", kurz: PupS. Das konnte auch nicht dadurch getrübt werden, dass die meisten Kollegen seit geraumer Zeit Michael B. nicht mehr riechen können. Eines hat man sich in der Gruppe jedenfalls fest vorgenommen: „Künftig werden wir öfter mal einen fahren lassen", betonte der Bereichsleiter furztrocken.

Arbeitszeugnis eines Türstehers

Herr Mehmet Ayter, geboren am 01.04.1990 in Köln-Chorweiler, war vom 01.01.2011 bis zum 03.01.2011 in unserem Unternehmen beschäftigt.

Die Schnapsmühle Gelsenkirchen gehört zur „Hansi Schlager Eventgastronomie GmbH", einem der führenden lokalen Gastronomie-betriebe mit vielfältigen Angeboten insbesondere im Bereich des Diskothekenbetriebs. Als „Premium-Mega-Lokal Nr. 1a" ist die Schnapsmühle Gelsenkirchen ein aufstrebendes Unternehmen mit unverwechselbarem Renommee.

Während des gesamten Zeitraums war Herr Ayter im Bereich Security - Einlasskontrolle und Objektschutz - eingesetzt.

Herr Ayter zeichnete sich durch umfassende Fachkenntnisse in allen Bereichen des Sicherheitswesens aus. Bei der Ausübung seiner Personalverantwortung an der Türe mangelte es ihm nur selten an schlagkräftigen Argumenten, auch fand er abgestimmt auf verschiedene Zielgruppen stets die richtige Ansprache. Darüber hinaus haben wir Herrn Ayter als einen überaus ehrlichen Mitarbeiter kennengelernt. Auch wurde Herr Ayter dem geselligen Anspruch des Hauses jederzeit gerecht.

Ingesamt versuchte Herr Ayter, die ihm übertragenen Aufgaben zu unserer Zufriedenheit zu erledigen. Gegenüber Kunden, Kollegen und Vorgesetzten war sein Verhalten stets tadellos, gegenüber Kundinnen und Kolleginnen jederzeit geprägt von weit überdurchschnittlicher Kontaktfreude.

Das Vertragsverhältnis endet mit dem heutigen Tage, weil Herr Ayter in alkoholisiertem Zustand einer Angestellten ein Glas Bier über den Kopf geschüttet hat, sie küsste und anschließend auf der Tanzfläche kotzte. Außerdem klaute er dem Chef eine Rolex-Uhr, brach in dessen Dienst-BMW ein, legte im Laden Feuer und schlug zwei Kollegen sowie sechzehn Discobesucher krankenhausreif.

Wir bedauern, dass Herr Ayter unser Unternehmen verlassen muss. Auch bedauern wir, dass er seit gestern in der JVA Köln-Ossendorf einsitzt. Wir würden ihn jederzeit wieder einstellen und wünschen ihm für die Zukunft privat wie beruflich alles Gute, außerdem wünschen wir ihm künftig Erfolg.

gez. Rosetta La Puta

HR Director

Schnapsmühle Gelsenkirchen

Deutschland sucht den Super-Mobber!

Richtig mobben will gelernt sein – werden Sie „Mobber erster Wahl"!

Wie professionell mobben Sie schon, und wo gibt es Steigerungspotentiale? Wählen Sie jeweils eine Antwortalternative aus, und addieren Sie anschließend die Punktezahlen aus den 10 Fragen!

1. Auswahl des Mobbingopfers

a) Opfer rein zufällig ausgewählt
--- **0 Punkte**
b) Opfer nach Nasenfaktor ausgewählt
--- **3 Punkte**
c) Opfer anhand bestimmter altbewährter Kriterien ausgewählt (z.B. körperliche Unzulänglichkeiten, Behinderung, Geschlecht)
--- **7 Punkte**
d) Opfer anhand bestimmter Kriterien ausgewählt, in Absprache mit Vorgesetzten und/oder Kollegen
--- **10 Punkte**

2. Intensität des Mobbings

a) gelegentliche Mobbingaktivität

--- 0 Punkte

b) beinahe täglich, jedoch mit Unterbrechungen, um den Schein zu wahren (z.B. bei Betriebsausflügen)

--- 3 Punkte

c) täglich, ungehemmt und öffentlich (z.B. vor versammelter Belegschaft)

--- 7 Punkte

d) täglich, ungehemmt, öffentlich und verschärft (z.B. jahrelanges Nichtgrüßen und Ignorieren)

--- 10 Punkte

3. Isolation des Opfers

a) Opfer wird freundlich und korrekt behandelt

--- 0 Punkte

b) Opfer wird vom Informationsfluss abgeschnitten

--- 3 Punkte

c) Opfer wird nicht mehr gegrüßt und teils ignoriert

--- 5 Punkte

d) Opfer wird nicht gegrüßt und komplett ignoriert

--- 7 Punkte

e) Opfer wird komplett isoliert, Personalabteilung wird in die Strategie einbezogen

--- 10 Punkte

4. Angewandte Methoden

a) kaum sichtbare Methoden, Wahren des schönen Scheins (z.B. Gespräche verstummen bei Auftauchen des Opfers)

--- **0 Punkte**

b) leichte Hänseleien, kleinere Sticheleien und Schikanen (z.B. Schlechtmachen des Opfers vor anderen Mitarbeitern)

--- **2 Punkte**

c) erhebliche Erschwernis des Arbeitsalltags (z.B. Verschwindenlassen von Dokumenten, Streuen von Gerüchten, kleinere Sabotageakte)

--- **5 Punkte**

d) Missachtung, nicht mehr nach dem Wohlbefinden erkundigen, Nichtgrüßen

--- **7 Punkte**

e) Ignoranz kombiniert mit Unter- oder Überforderung des Opfers

--- **8 Punkte**

f) komplette Isolation mit Zuweisung unattraktiver, unpassender oder sinnloser Aufgaben

--- **9 Punkte**

g) komplette Isolation, sinnlose Aufgaben plus Anschreien oder physische Gewalt

--- **10 Punkte**

5. Wegnahme der beruflichen Perspektive
a) Opfer darf noch die Abteilung wechseln
--- 0 Punkte
b) Opfer darf die Abteilung wechseln und sich dort weiter mobben lassen
--- 3 Punkte
c) Opfer hat außerhalb der Abteilung keine berufliche Perspektive mehr
--- 5 Punkte
d) Opfer hat im gesamten Unternehmen keinerlei Perspektive mehr, auch nicht nach zwanzig internen Bewerbungen, auch nicht als Klomann.
--- 7 Punkte
e) Das Mobbing wird so lange verstärkt, bis das Opfer freiwillig das Unternehmen verlässt.
--- 10 Punkte

6. Missachtung der Menschenwürde
a) Die Menschenwürde des Opfers wird offiziell respektiert, Personalgespräche über Mobbing sind theoretisch möglich und verlaufen ergebnislos.
--- 0 Punkte
b) Menschenwürde wird offiziell respektiert, Gespräche mit dem Opfer werden jedoch verweigert
--- 5 Punkte
c) Menschenwürde wird missachtet, Opfer bleibt sich selbst überlassen, erhält keine Unterstützung
--- 7 Punkte
d) Menschenwürde wird grob missachtet (z.B. Opfer darf nur gemeinsam mit dem Chef aufs Klo gehen)
--- 10 Punkte

7. Öffentlichkeitsgrad des Mobbings

a) Das Mobbing ist nach außen hin nicht sichtbar, der Schein bleibt gewahrt.

--- 0 Punkte

b) Die mobbende Seilschaft tauscht sich intern über Mobbingmethoden aus, nach außen nicht sichtbar.

--- 5 Punkte

c) Öffentliches Mobbing unter Einbeziehung einflussreicher Stellen wie z.B. Personalabteilung

--- 10 Punkte

8. Beweggründe des Mobbers

a) Langeweile, Fehlen sinnvoller Beschäftigung

--- 0 Punkte

b) Hoffen auf berufliche Vorteile

--- 2 Punkte

c) schlechte Kindheit gehabt

--- 3 Punkte

d) schlechte Ehe / regelmäßiges Einstecken von Prügel durch Ehefrau / Ehemann

--- 5 Punkte

e) Mangel an Selbstwertgefühl, Psychosen, Neurosen, Narzissmus, Zwangsstörungen, Persönlichkeitsstörung

--- 7 Punkte

f) alles zusammen

--- 10 Punkte

9. Gesundheitsbeeinträchtigung des Opfers

a) Opfer kann das Mobbing noch durch Privatleben kompensieren und leidet kaum
--- 0 Punkte

b) Opfer kann das Mobbing nicht mehr kompensieren, erste psychische Folgen sichtbar
--- 3 Punkte

c) Opfer leidet massiv, kommt noch ohne Psychotherapie zurecht
--- 5 Punkte

d) Opfer leidet massiv physisch und psychisch, bedarf intensiver ärztlicher Behandlung
--- 10 Punkte

10. Reaktionen des Opfers in der Mobbingsituation

a) keine
--- 10 Punkte

b) gelegentlicher, verhaltener Widerstand
--- 7 Punkte

c) Widerspruch, verzweifelte Gegenangriffe
--- 5 Punkte

d) Opfer verarbeitet die Mobbingerfahrung in Comedystücken und gewinnt beim Poetry Slam
--- 2 Punkte

e) Opfer verarbeitet die Mobbingerfahrung in Comedystücken, liefert dank guter Medienkontakte Informationen über die Mobbingpraxis an die Presse und beschreitet den Rechtsweg.
--- 0 Punkte

Auswertung:

90-100:

Herzlichen Glückwunsch! In Sachen Mobbing macht Ihnen niemand etwas vor! Egal ob versteckte Akten, zerstörte Festplatten oder gepflegte Herabsetzungen und Verbalausfälle: Sie haben es einfach drauf! Unter Ihrem Regiment hat niemand mehr etwas zu lachen, das Fußvolk liegt wehrlos darnieder. Sie haben ganz ohne Zweifel das Zeug zum Super-Mobber! Oder anders gesagt: Sie sind ein riesengroßes Arschloch!

70-89:

Beim Mobben sind Sie voll in Ihrem Element, und Sie haben das Einmaleins des Mobbings schon zu einem erheblichen Teil verinnerlicht. Dennoch gibt es Steigerungspotential. Sparen Sie sich den einen oder anderen Gruß, streuen Sie gelegentlich ein Gerücht, grenzen Sie noch effektiver aus. Dann sind Sie schon bald der neue Star der Mobbing-Szene!

50-69:

Mobbing ist genau Ihr Ding. Sie machen es Ihren Kollegen wirklich nicht leicht, doch hin und wieder können Sie sich leider ein "Hallo" nicht verkneifen. Etwas mehr Ellenbogen stünde Ihnen gut zu Gesicht. Schließlich muss man nicht jedem Kollegen zum Geburtstag gratulieren. Und es geht auch ohne Teamwork! Arbeiten Sie daran!

30-49:

Zwar zeigen Sie Ansätze von Profitum, sind jedoch in vielen Alltagssituationen schlichtweg zu menschlich. Gewöhnen Sie sich die Gefühlsduselei endlich ab! Kehren Sie um, und erheben Sie Schikane, Ausgrenzung und Verfolgung anderer ab sofort zu Ihrem Lebensinhalt! Schließlich verfügen Sie über ausreichend Potential, um den Mobbing-Olymp zu erklimmen. Aber bekanntlich ist noch kein Mobber vom Himmel gefallen.

0-29:

Sie sollen selbst mobben, nicht sich mobben lassen! Sie Flachpfeife! Sie können gehen und brauchen gar nicht erst wiederzukommen! Ihr Bürostuhl ist übrigens unauffindbar!

Mitmach-Text

Zu guter Letzt noch ein Mitmach-Text! Welches Wort
das Publikum in diesem Fall wohl laut ruft?!

Ich bin kein Pfälzer!

Ich bin kein Pfälzer...

aber ich würd gern einer sein!

Denn dann gäb es schon am Morgen

den – besten Wein!

Ich hätte keinen Kummer mehr,

dafür Dorscht,

und hätt die allerlängste Lewwerworscht!

Ich bin kein Pfälzer...

aber ich würd gern einer sein!

Denn dann hätte ich

den ganzen Tag Sonnenschein

Ich hätte keinen Kummer mehr,

dafür Dorscht,

und hätt die allerlängste Lewwerworscht!

1

Ich komm aus einem Ort mit zehntausend Seelen!

Und von dort will ich euch mal kurz verzählen.

Und das Schlimmste –

das will ich euch vorweg verraden:

Ja, ich geb es gerne zu: Ich bin aus Baden!

Ich komm von der verkehr-ten Seite vom Rhein,

inzwischen wohn ich immerhin in Oggersheim!

Ich habe mich schon richtig akklimatisiert,

hab gelernt, dass man Saarländer

hier nich so akzeptiert.

Wo ich auf-wuchs, wird zwar gutes Bier gebraut.

Doch inzwischen ist das Dorf total verbaut!

Da lob ich mir das schöne und romantische LU!

Wenn ich durchgeh', mach ich halt die Au-gen zu!

Denn manchmal kommt Liebe auf den zweiten Blick!

Dafür musste halt ääfach mol... iwwer die Brick!

Ich bin kein Pfälzer...

aber ich würd gern einer sein!

Denn dann gäb es schon am Morgen

den – besten Wein!

Ich hätte keinen Kummer mehr,

dafür Dorscht,

und hätt die allerlängste Lewwerworscht!

Ich bin kein Pfälzer...

aber ich würd gern einer sein!

Denn dann hätte ich

den ganzen Tag Sonnenschein

Ich hätte keinen Kummer mehr,

dafür Dorscht,

und hätt die allerlängste Lewwerworscht!

2

Jaja, ich stamm von da, wo man Waldhof unterstützt,
doch hat es den Buwe bislang nix genützt!
Dafür hammer ja hier uns're Roten Teufel,
die bring' uns jede Woche schierga zum Verzweifle!

Doch egal, wie sie spielen und welche Liga,
im Herzen bleibt immer der Pfälzer Sieger!
Und vom Kli-ma, da simmer hier privi-legiert,
weswegen meine Palme hier niemals friert!

Ach, ich hätt' doch kä Problem mit derere Hitz…
Und alle würden lachen über meinen Witz!
In der Hand hätt ich permanent mei Dubbe-glas!
Auf'm Worschtmarkt hätte ich…. doppelten Spaß!

Ich würde mich zur Wein-prinzessin küren
und würde meine Wan-der-stie-fel schnüren,
denn wir haben hier das allergrößte Waldgebiet,
noch'n Grund, wa-rum es in die Palz mich zieht!

Ich bin kein Pfälzer...

aber ich würd gern einer sein!

Denn dann gäb es schon am Morgen

den – besten Wein!

Ich hätte keinen Kummer mehr,

dafür Dorscht,

und hätt die allerlängste Lewwerworscht!

Ich bin kein Pfälzer...

aber ich würd gern einer sein!

Denn dann hätte ich

den ganzen Tag Sonnenschein

Ich hätte keinen Kummer mehr,

dafür Dorscht,

und hätt die allerlängste Lewwerworscht!

3

Mein Humor, der wäre hier mehr als deftig

Und meinen Dialekt... fänden andere heftig.

In ihren Augen wär ich pro-vinziell!

Doch ich fände mich selbst... einfach ori-gi-nell

Kumm, geh fott, das wäre bald mein Lieblingsspruch

- und von Dampnudle kriegte ich nie genuch!

Statt Gemüse... gäb's für mich de beschte Schinke!

Ich würd jeden Tag.... erst emol e Schoppe trinke!

Nach Griebenwurst und Bratwurst würd ich gieren –

und würd sie mir genüsslich

auf mein Landbrot schmieren.

Meine Vi-ta-mine wären B, A, S und F!

Und als Pälzer wäre ich... per du mit meinem Chef!

Ich würde lange feiern und noch länger pennen!

Die Kartoffeln vom Acker

würd ich Grum-beere nennen!

Und ne Fliege.... hieße bei mir einfach „enne Mück"!

Und dafür müsst ich ääfach nur... iwwer die Brick!

Ich bin kein Pfälzer...

aber ich würd gern einer sein!

Denn dann gäb es schon am Morgen

den – besten Wein!

Ich hätte keinen Kummer mehr,

dafür Dorscht,

und hätt die allerlängste Lewwerworscht!

Ich bin kein Pfälzer...

aber ich würd gern einer sein!

Denn dann hätte ich

den ganzen Tag Sonnenschein

Ich hätte keinen Kummer mehr,

dafür Dorscht,

und hätt die allerlängste Lewwerworscht!

4

Un' die gan-ze Idiooo-te, die wäre für mich dappisch!

Un' die Katze-berger, die macht sich für mich nackisch!

Ich würde - am Morgen - in die Schlappe schluppe,

und am Mittag gäb's Saumagen mit Metzelsuppe!

Ich hätte hier ein Weinfest an jeder Ecke!

Nie wieder ging ich fott – net ums Verrecke!

Und das eine, das kriege ich dann auch noch hin!

Dass ich irgendwann ein echter Pälzer bin!

Ich bin kein Pfälzer...

aber ich würd gern einer sein!

Denn dann gäb es schon am Morgen

den – besten Wein!

Ich hätte keinen Kummer mehr,

dafür Dorscht,

und hätt die allerlängste Lewwerworscht!

Ich bin kein Pfälzer...

aber ich würd gern einer sein!

Denn dann hätte ich

den ganzen Tag Sonnenschein

Ich hätte keinen Kummer mehr,

dafür Dorscht,

und hätt die allerlängste Lewwerworscht!

Bonus-Text

Im Oktober 2018 ist Ingo Insterburg in Berlin verstorben. Der bekannteste Hit des deutschen Komikers und Multiinstrumentalisten war ohne Zweifel „Ich liebte ein Mädchen". Davon inspiriert, hat NichtGanzDichter eine kölsche Version kreiert!

Ich liebte ein Mädchen in Kölle

Ich liebte ein Mädchen in Kölle…
mal war es Himmel, mal Hölle!

Ich liebte ein Mädchen in Mülheim…
Sie brachte da etwas Gefühl rein!

Ich liebte ein Mädchen in Flittard…
Danach war ich ziemlich verbittert!

Ich liebte ein Mädchen in Ehrenfeld…
die leider nichts vom Vermehren hält.

Ich liebte ein Mädchen in Deckstein…
Ach Leute, ich musste wohl jeck sein!

Ich liebte ein Mädchen in Weiden...
Die meinte, ich soll mich verkleiden!

Ich liebte ein Mädchen in Chorweiler...
Doch *die* fand den ganzen CHOR geiler!

Ich liebte ein Mädchen in Müngersdorf –
und fühlte mich gleich viel jünger dort

Ich liebte ein Mädchen im Hahnwald...
Ich werde beginnen zu sparen - bald

Ich liebte ein Mädchen in Poll...
Mehr weiß ich nicht - ich war zu voll!

Ich liebte ein Mädchen in Meschenich...
fand hinterher meine Wäsche nich!

Ich liebte ein Mädchen in Braunsfeld...
Die meinte, ich wär so'n Frauenheld!

So hatt' ich noch immer kein Mädel,
zog weiter von Veedel zu Veedel!

Ich liebte ein Mädchen in Merheim…
Die sagte, ich würde zu schwer sein!

Ich liebte ZWEI Mädchen in Holweide…
Die fanden mich hohl – alle beide!

Ich liebte ein Mädchen in Rooooodenkirchen…
Noch immer hör' ich die Hoden knirschen!

Ich liebte ein Mädchen in Zollstock
Da hatte ich jedes Mal voll Bock!

Ich liebte ein Mädchen in Stammheim…
Bei der kam ständig der Mann heim!

Ich liebte ein Mädchen in Bilderstöckchen…
Sie wusste genau: Heut will der Röckchen!

Ich liebte ein Mädchen in Deutz…
Das ging mir auf Dauer ins Kreuz!

Ich liebte ein Mädchen in Dellbrück…
Mir fehlte danach ein Geldstück!

So ließ ich es in Kölle sein,

begab mich tief ins Umland rein!

Ich liebte ein Mädchen in Frechen...
Sie ließ mich ganz ordentlich blechen!

Ich liebte ein Mädchen in Hürth...
Sie hat mich nie angerührt!

Ich liebte ein Mädchen in Bergheim...
Sie sagte: Pack mal den Zwerg ein!

Ich liebte ein Mädchen in Leverkusen...
Doch wollte mit ihr gleich jeder schmusen!

Ich liebte ein Mädchen in Solingen...
Die ließ mich ständig den Po schwingen!

Ich liebte ein Mädchen in Much...
Ich sah sie und dachte mir: Huch?!

Ich liebte ein Mädchen in Lindlar...
und dann war ganz schnell ein Kind da!

Ich liebte ein Mädchen in Kevelaer...
auch die machte mir nur das Leben schwer!

Ich liebte ein Mädchen in Tönisvorst...
Sie war die Schöne, ich der Horst!

Drum lieb' ich ein Mädchen in Soest...
Sie spendete wenigstens Trost.

Ich liebte ein Mädchen in Düren...
Sie sagte, sie würde nix spüren!

Dann lieb' ich ein Mädchen in Inden...
Auch *die* konnt' sich nie überwinden!

**So fand ich nicht mein großes Glück...
Drum zog es mich nach Köln zurück!**

Ich liebte ein Mädchen am Neumarkt...
Wie blöd, dass *ich* es nicht scheu mag!

Ich liebte ein Mädchen am Eigelstein...
Ich musste wirklich verzweifelt sein!

Ich liebte ein Mädchen am Ebertplatz…
Da machte ich manchmal mit Leder was!

Ich liebte ein Mädchen im Rheinauhafen…
Da bin ich jedes Mal eingeschlafen

Ich liebte ein Mädchen im Kranhaus…
Doch da fiel leider mein Kran aus!

Ich liebte ein Mädchen auf der Zoobrücke…
Sie verlangte, dass ich mich sooo bücke!

Ich liebte ein Mädchen auf den Ringen…
Ach, süßer die Glocken nie klingen!

Ich liebte ein Mädchen auf Melaten…
Die kam leider gleich mit dem Spaten!

Ich liebte ein Mädchen am Chlodwigplatz…
Nur fand ihre Liebe… ohne mich statt!

Ich liebte ein Mädchen am Alter Markt…
wobei ich nicht… dieses Alter mag!

Ich liebte ein Mädchen im Belgischen Viertel...
Noch heute spür ich ihr'n Gürtel!

Ich liebte ein Mädchen im Kölner Dom...
Doch fehlte mir dafür die Absolution!

So warf man mich aus Köln hinaus!
Doch macht mir das rein gar nix aus:

Jetzt *lieb'* ich ein Mädchen in Bonn!
Und sie weiß gar nix davon!

AUS!!!!

Von NichtGanzDichter bei Tredition erschienen:

NichtGanzDichter:

Best of Slam Poetry

Bühnentexte – NichtGanzDichter

NichtGanzDichter

BEST OF

SLAM

POETRY

BÜHNENTEXTE

inkl. „Ich spiele Schach!"
„Rebellion 2.0"

Inhalt:

NichtGanzDichter… dieser Name ist Programm! „Originell, speziell, schwerstbegabt", so lautet die Devise! Seit 2008 tritt der umtriebige Künstler bei Poetry Slams und Lesungen auf. In seiner Rolle als rappender Schachspieler „MC Mate" ist er längst einem breiteren Publikum bekannt. Auch geigt er, ganz im Stile eines verzweifelnden Streetworkers, seinen „Homies" die Meinung – wenn er nicht gerade ein Loblied auf die „erotischste Großstadt Deutschlands" singt, die da wäre: Ludwigshafen!

Doch auch die nachdenklicheren Töne kommen im überaus vielseitigen Schaffen des Naturwissenschaftlers und Journalisten nicht zu kurz: Sei es eine Zustandsbeschreibung unserer schönen, neuen und bösen Welt, der Aufruf zu einer Rebellion 2.0, der lautstarke Zusammenprall der Geschlechter auf der Bühne oder die ewige Sehnsucht nach Liebe.

Mehr als 50 Podestplätze bei Poetry Slams von Berlin bis Germersheim stehen für den nicht ganz Dichten bisher zu Buche. Die 30 besten Bühnentexte sind Gegenstand dieser - nun erweiterten - Sammlung!

180 Seiten, 3. Auflage 2019.

ISBN (Paperback): 978-3-7469-1902-7	10,99 EUR
ISBN (Hardcover): 978-3-7469-1903-4	17,99 EUR
ISBN (e-Book): 978-3-7469-1904-1	2,99 EUR

NichtGanzDichter:

Geschichten eines nicht ganz Dichten

Meine verrücktesten Begegnungen – ein Schwerstbegabter packt aus!

Inhalt:

NichtGanzDichter... dieser Name könnte dem einen oder anderen schon einmal beim Poetry Slam begegnet sein... Dort tritt der umtriebige Poet als rappender Schachspieler in Erscheinung und setzt das johlende Publikum kollektiv schachmatt. Doch NichtGanzDichter ist mehr: Das Leben des Naturwissenschaftlers, Journalisten und Maklers verläuft alles andere als in normalen Bahnen. Immer wieder zieht er skurrile Menschen geradezu magisch an. Sei es ein Professor, der täglich durchs Hochschulgelände brüllt und sich als Hobbydetektiv betätigt, sei es ein Steuerberater, der zugleich als Hooligan unterwegs ist und dessen Dachschaden sich auf 70.000 EUR summiert... oder zwei russische Spioninnen, die den Dichter in Köln observieren, eine französische Bulldogge, die beim Klavierspiel assistiert, ein Haribo-Schlumpf, der ihn am Ende den Job kostet – oder jenes Internet-Date, das sich über die Feuerleiter auf und davon macht! Von solchen und ähnlichen Begegnungen erzählt das vorliegende Werk. Ob es im Einzelfall lustig, traurig oder bedenklich ist, möge der Leser selbst entscheiden. Eines dürfte jedoch feststehen: NichtGanzDichter ist originell, speziell und schwerstbegabt! Letzteres ist sogar amtlich attestiert.

128 Seiten, 2. Auflage 2018.

ISBN (Paperback): 978-3-7439-1169-7   10,99 EUR
ISBN (Hardcover): 978-3-7439-1170-3   15,99 EUR
ISBN (e-Book):   978-3-7439-1171-0   2,99 EUR

E.B. und NichtGanzDichter:

Geschichten der Pfälzer Oma

50 heitere, dramatische, unglaubliche Tatsachenberichte – von 1930 bis heute

Inhalt:

Die „Pfälzer Oma" alias E.B. blickt auf ein überaus bewegtes Leben zurück! Als die gebürtige Ludwigs-hafenerin, inspiriert durch einen ihrer Enkel, im Frühjahr 2017 ihre prägendsten Erinnerungen niederschreibt, ist sie fast 87 Jahre alt.

Herausgekommen ist eine beeindruckende Sammlung von Zeitzeugenberichten aus der Zeit von 1930 bis in die Gegenwart. Es ist ein Geschichten- und ein Geschichtsbuch. Mit Einfalls-reichtum, hoher Risikobereitschaft und nicht zuletzt einer ungeheuren Schlagfertigkeit hat sich die „Pfälzer Oma" durchs Leben gekämpft! Als Tochter eines Sozialdemokraten war sie „Jungmädel" in der NS-Zeit, sie erlebte in ihrer Pfälzer Heimat Bombennächte und Hungerjahre, stellte sich schützend vor Zwangsarbei-terinnen, verlor zwei Brüder, baute vier Häuser, sie verwies französische Soldaten und eine Rocker-bande in die Schranken – und hat Zeit ihres Lebens immer gelacht!

Erleben Sie eine packende Zeitreise – und eine ungewöhnliche Persönlichkeit! E.B. lebt im Umland von Ludwigshafen, in der Nähe ihres Enkels.

164 Seiten, 3. Auflage 2019.

ISBN (Paperback): 978-3-7469-0003-2   10,99 EUR
ISBN (Hardcover): 978-3-7469-0215-9   16,99 EUR
ISBN (e-Book):   978-3-7469-0216-6   2,99 EUR

<u>Platz für Notizen</u>

Zeitfracht Medien GmbH
Ferdinand-Jühlke-Straße 7
99095 Erfurt, Deutschland
produktsicherheit@kolibri360.de